AF106832

This Notebook Belongs To

____

www.ingramcontent.com/pod-product-compliance
Lightning Source LLC
LaVergne TN
LVHW061941070526
838199LV00060B/3917
* 9 7 8 9 0 4 3 3 0 0 6 8 1 *